El misterio del barco hundido

Ana Fúster Martínez

Edi numen

Lecturas en español de
ENIGMA Y MISTERIO

Ana Fúster Martínez (Cartagena, España, 1964) es licenciada en Filología Inglesa y diplomada en Traducción. Fue lectora de español en los institutos Twyford High School y Cardinal Wiseman High School, ambos en Londres. Participó en el Congreso Mundial de Profesores de Español (COMPROFES) en noviembre de 2011. Ha impartido clases de inglés en las Escuelas Oficiales de Idiomas de Gijón y Murcia y actualmente desempeña su labor profesional en la Escuela Oficial de Idiomas de Cartagena. Escribe microrrelatos y sus textos han ganado o sido finalistas en numerosos concursos. Ha colaborado en las secciones mensuales de relato breve y microrrelato de la revista *Tarántula Cultura* y en la actualidad coordina la sección de microrrelatos de la revista cultural *online Amanece Metrópolis*.

ISBN: 978-84-9179-428-8 (con CD)
ISBN: 978-84-9179-429-5
Depósito Legal: en trámite, segundo trimestre
Impreso en España
Printed in Spain
0420

Coordinación de la colección: Manuel Rebollar
Edición: Carlos Oliva

Diseño de portada: Juanjo López
Diseño y maquetación: Susana Fernández
Ilustraciones: Carlos Casado
Fotografías: *www.shutterstock.com*

Impresión:
Gráficas Glodami. Coslada (Madrid)

EXTENSIÓN DIGITAL en ELEteca

Un espacio en constante actualización

- Las **audiciones** de este libro se encuentran disponibles y descargables en nuestra plataforma educativa.
- Para acceder a este espacio, entra en la **ELEteca** (https://eleteca.edinumen.es), activa el código que tienes a continuación y sigue las instrucciones.

CÓDIGO DE ACCESO

6zh1eW985K

Para más información, consultar los términos de uso de la ELEteca.

Editorial Edinumen
José Celestino Mutis, 4. 28028 – Madrid
Teléfono: 91 308 51 42
Fax: 91 319 93 09
e–mail: edinumen@edinumen.es
www.edinumen.es

Índice

ANTES DE LA LECTURA

1. La historia que vas a leer se desarrolla en Cartagena, una ciudad junto al Mediterráneo, en la costa sudeste de España. ¿Has oído hablar alguna vez de esta ciudad? Busca información sobre Cartagena en internet (por ejemplo, en su página de turismo o en Wikipedia) y di si estas afirmaciones son verdaderas (V) o falsas (F).

	V	F
a) Cartagena está construida sobre siete colinas.	☐	☐
b) La ciudad fue fundada por los romanos.	☐	☐
c) A la entrada del puerto hay varios castillos de defensa.	☐	☐
d) La ciudad tiene más de 200 000 habitantes.	☐	☐
e) En Cartagena puedes visitar un teatro romano.	☐	☐

2. El pasado romano de Cartagena es muy importante y tiene un papel fundamental en el relato. Para empezar, Eva, la protagonista, trabaja en el Museo Arqueológico de la ciudad. ¿Has estado alguna vez en un museo arqueológico? ¿En cuál? Coméntalo con tus compañeros.

   a. ¿Qué objetos puedes ver en este tipo de museo? Haz una pequeña lista.

   ....

   ....

   b. ¿Qué otros tipos de museos conoces y qué se puede ver en ellos? Haz una lista y complétala con los comentarios de tus compañeros.

   ....

   ....

c. En internet puedes encontrar la página de inicio de la web del Museo Arqueológico de Cartagena. Léela y contesta las siguientes preguntas:

a) ¿En qué año se abrió el museo actual?
b) ¿Sobre qué está situado el museo?
c) ¿Qué colección es una de las mejores de España?
d) ¿Cuál es la escultura más importante del museo?
e) ¿Cuándo fue descubierta la necrópolis?

3. Algunos capítulos de la novela aparecen en números romanos. ¿Sabes cómo funciona la numeración romana? En internet puedes encontrar muchas páginas donde te lo explican. ¿Podrías decir qué números son estos?

a) IV ....
b) XXVI ....
c) CX ....
d) CM ....

4. En esta foto puedes ver la fecha de la construcción del ayuntamiento de Cartagena, en números romanos en su fachada, bajo el escudo de la ciudad. ¿Sabes leerla?

1

¿**QUIÉN** había usado su ordenador?

Eva miraba la pantalla con **desconcierto**. Había salido solo unos minutos de su despacho para preguntar unas dudas a su compañera Lola. Estaban organizando una exposición de **epigrafía funeraria** romana en su lugar de trabajo, el Museo Arqueológico de Cartagena, y había que hacer muchas cosas. Cualquier empleado del museo sabía que una exposición de ese tipo significaba mucho trabajo, y Eva, como **arqueóloga**, estaba encargada de contactar con otros museos. Había que escribir un gran número de correos electrónicos para pedirles prestadas algunas piezas. Cada correo tenía que incluir también las fechas del **préstamo**, el medio de transporte que iban a usar y otros detalles.

Cuando Eva salió de su despacho, uno de esos correos llenos de datos había quedado abierto en su ordenador. Ahora, al volver a su oficina, había sentido frío y había ido a cerrar la ventana, pero, al pasar frente al ordenador, se había parado con sorpresa: su documento ya no estaba en la pantalla. Ahora había otro, en blanco excepto por una palabra y un número romano escritos con letras grandes en el centro:

LÁPIDA IX

Desconcierto: confusión, sorpresa.

Epigrafía funeraria: estudio de las piedras sobre las tumbas y sus mensajes.

Arqueólogo, a: persona que estudia los objetos del pasado.

Préstamo: acción de prestar, dejar algo a alguien de modo temporal.

Eva no entendía nada. Estos días trabajaba con mucha información sobre **lápidas** y todas tenían sus **códigos**, pero aquel número, el nueve, era demasiado simple para ser un código. No sabía de qué pieza era. Preocupada por si algún documento sobre la nueva exposición se había perdido, cerró el archivo y comprobó que todas las carpetas seguían en su sitio. Suspiró, más tranquila. Pensó que quizá alguno de sus compañeros había necesitado su ordenador un momento, pero era extraño: cada uno tenía el suyo y, además, solo Lola y ella estaban organizando la exposición. Aún **perpleja**, se sentó para seguir con el correo, aunque no podía dejar de hacerse preguntas: ¿quién había estado escribiendo en su ordenador? Y sobre todo, ¿por qué?

Lápidas: piedras que se ponen en las tumbas para cerrarlas o cubrirlas.

Códigos: combinaciones de números o letras que sirven para identificar algo.

Perplejo, a: confundido, extrañado.

2

EL puerto de Cartagena estaba precioso aquella mañana de sábado. La temperatura era cálida y agradable, como siempre a principios de otoño, y en el cielo solo se veían unas pocas nubes pequeñas y muy blancas. El azul intenso del Mediterráneo reflejaba el color del cielo. Había un enorme **crucero** en la terminal y grupos de turistas disfrutaban del sol, paseaban y se hacían fotos frente al mar o bajo las palmeras. Algunas **gaviotas** se acercaban a ellos, esperando recibir los restos de un bocadillo o unas patatas fritas.

El viento agitaba el largo cabello negro de Eva y sus ojos verdes brillaban por la luz del sol cuando miraba a Daniel. Los dos jóvenes arqueólogos estaban sentados en una terraza tomando unos refrescos y desde su mesa se disfrutaba una vista excelente de la **bahía**. En la distancia se podían ver los **faros** de La Curra y Navidad, uno con luz verde y el otro con luz roja, que marcaban la entrada al puerto. Era una mañana perfecta para relajarse al sol y compartir buenas noticias entre amigos, como la historia que Daniel **había interrumpido** un momento para beber. Eva le animó a continuar:

–Sigue contándome lo del barco.

–Es increíble, Eva, increíble. Han **excavado** varias veces el fondo del puerto para hacerlo más profundo, así que nunca pensamos que encontraríamos un **pecio** tan cerca de la ciudad. Pero ahí está.

Crucero: barco muy grande para hacer turismo.

Gaviota: pájaro blanco grande que vive en la costa.

Bahía: entrada natural de mar en la costa.

Faro: torre con una luz para guiar a los barcos.

Interrumpir: parar una acción a la mitad, cortar su continuidad.

Excavar: quitar la tierra que cubre algo, hacer un hoyo.

Pecio: es la palabra usada por los arqueólogos para referirse a un barco hundido.

–Entonces, ¿dices que es del siglo IV?

–Aproximadamente. Finales del siglo IV, principios del siglo V. Ya sabes que es muy difícil dar una fecha exacta. Y lleva una **carga** variada.

–¿Qué habéis encontrado?

–Hay bastantes **ánforas**. La mayoría son de vino o aceite, aunque también hay conservas de pescado, que vendrían del sur de España.

–Qué poco interesante. Pensaba que me dirías que habíais encontrado un gran tesoro, como el de la Mercedes. Pero, por lo que cuentas, este barco solo lleva pescado en conserva, vino y aceite. Parece que viene del supermercado... –bromeó Eva.

La Mercedes era un barco que se hundió a principios del siglo XIX con una gran carga de monedas de oro y plata. El tesoro se mostraba ahora en otro museo de la ciudad, el Arqua, Museo de Arqueología **Subacuática**, donde trabajaba Daniel, y era una de sus piezas más importantes.

–Eva, aunque no hay oro y plata, sabes que este pecio es un verdadero tesoro –contestó Daniel muy serio.

–Ya lo sé, tonto. ¿Desde cuándo no entiendes las bromas? **Anda**, sigue. ¿Hay algo más?

–También hemos encontrado algunas lámparas de aceite. Pero aún queda mucho trabajo por hacer.

–Espero que me sigas contando vuestros **descubrimientos**.

–Ummm, no sé. Quizá si me invitas a tomar algo la semana que viene...

Los dos amigos empezaron a reír y el sonido de sus risas se mezcló con los gritos de las gaviotas, que seguían intentando llamar la atención de los turistas.

Carga: cosas que se transportan.

Ánforas: jarras de barro altas y estrechas. En Roma se usaban para guardar líquidos y salsas.

Subacuático, a: debajo del agua, submarino.

Anda: (en este contexto) expresión que se usa para animar a alguien a hacer algo.

Descubrimiento: cosa nueva que uno no conocía.

3

PARA mucha gente, el primer día de la semana es un mal momento. Se levantan, se duchan, desayunan y durante ese tiempo piensan que aún les quedan cinco largos días de trabajo antes del próximo fin de semana. El museo arqueológico cerraba los lunes, así que para Eva cada martes era una oportunidad de empezar la semana haciendo lo que más le gustaba en el mundo, tener objetos antiguos a su alrededor, **objetos** que contaban historias sobre sus dueños: platos donde habían tomado sus comidas; copas donde habían bebido; pendientes, anillos y **brazaletes** que habían adornado su piel; piedras de casas que habían sido su hogar; y estos días, para Eva, también lápidas que habían guardado su **sueño eterno**. Tenía mucha suerte, pensaba mientras hacía un descanso en su jornada.

Se había preparado un té en su despacho y, mientras bebía, miraba por la ventana el pequeño jardín a la entrada del museo. El sol entraba por los cristales y en la oficina hacía calor, pero de repente sintió una **ráfaga** de aire muy frío, tan frío que se **estremeció**. Miró hacia atrás, buscando de dónde podía venir ese aire, y le pareció ver una sombra que salía por la puerta entreabierta. Corrió hacia ella y la abrió. El pasillo estaba completamente vacío. Un poco **asustada**, fue hasta recepción. Allí Juan, el **conserje**, recibía a los visitantes y

---

Objetos: cosas.

Brazalete: joya que se lleva alrededor del brazo.

Sueño eterno: muerte.

Ráfaga: aire que sopla fuerte por muy poco tiempo.

Estremecerse: temblar, tener un sobresalto.

Asustado, a: con miedo.

Conserje: persona que trabaja dando información en los edificios públicos.

contestaba sus preguntas sobre horarios y detalles del museo.

–Juan, ¿has visto salir a alguien de mi despacho?

–No, Eva. Todo el mundo está en sus oficinas.

–Quiero decir a alguien desconocido. ¿Algún visitante, quizá?

–Claro que no. Ya sabes que tienen prohibida la entrada al pasillo de los despachos. ¿Ha pasado algo? –añadió, al ver la cara de susto de Eva.

–Nada, me pareció ver una sombra que salía…

–¿Una sombra? Evita, pasas demasiado tiempo delante del ordenador. Tus ojos **te han jugado una mala pasada**. Descansa la vista. Haz una pausa y tómate un té.

–Era justo lo que estaba haciendo…

–Entonces termínalo tranquila, nadie ha entrado ni salido, y menos aún una sombra. Además, para eso estoy yo aquí. No dejaría entrar a ninguna –bromeó Juan con una gran sonrisa.

Eva volvió al despacho todavía un poco nerviosa, pero se dijo que Juan tenía razón. Seguro que sus ojos la habían engañado. Aunque, ¿y el frío? ¿De dónde había venido? ¿Tendría fiebre? ¿Estaría poniéndose enferma? Se tocó la frente, pero su temperatura era normal. En fin, era mejor olvidarlo y seguir con el trabajo.

Pero cuando fue a sentarse al ordenador, lo que vio la estremeció de nuevo. En vez del documento en el que trabajaba, una fotografía llenaba toda la pantalla. Era una lápida, pero no una de las lápidas que estaban pidiendo prestadas, sino una que formaba parte de la colección del museo. En ella se podía leer en latín:

Te han jugado una mala pasada: te han engañado.
Arrebatar: robar, separar con violencia.
Yacer: (en este contexto) estar en un sepulcro o tumba.
Designio: decisión.

Aquella lápida venía de la **necrópolis**, que formaba parte del museo. Eva siempre había pensado que contaba una historia muy triste: la muerte de una joven de dieciséis años, además ya casada. El matrimonio a esa edad era normal en época romana. Hoy día, cuando las chicas de dieciséis años solo se preocupan de salir con sus amigos y estudiar para sus exámenes, resultaba difícil de imaginar.

Pero ahora Eva no pensó en eso. Se quedó unos momentos con la vista fija en la pantalla, como esperando que la piedra le hablase. Hasta que de repente una idea se formó en su cabeza. Se levantó con decisión y salió del despacho.

Necrópolis: cementerio de tiempos romanos.

4

DANIEL y Eva estaban en El Soldadito de Plomo, un café muy agradable que a ella le gustaba especialmente. El escritor de cuentos danés Hans Christian Andersen había visitado Cartagena en 1862 y había pasado unos días en el edificio donde ahora estaba el café. Los dueños del local habían querido recordar esta visita del autor y por eso lo habían llamado como uno de sus cuentos más famosos: *El Soldadito de Plomo*. Era un lugar original: todas las sillas eran diferentes entre sí y las paredes estaban decoradas con dibujos de soldados y bailarinas. Servían unos pasteles deliciosos y muchos tipos de café, té, zumos y batidos. Frente a un **asiático** y una porción de tarta de limón, Eva contaba a Daniel lo que había pasado en su despacho.

–Entonces, ¿alguien ha usado tu ordenador dos veces?

–Sí. O quizá no, Daniel. O al menos, no exactamente.

–¿Qué quieres decir?

–Verás, tuve una idea muy extraña cuando estaba allí mirando la foto. Pensé que tenía relación con el texto de la primera vez: *Lápida IX*. Fui a la sección de epigrafía. Tenemos dieciocho lápidas. La de Faustila está justo en el centro. Es la número nueve, tanto si cuentas desde la izquierda como desde la derecha. Creo que alguien quiere llamar mi atención hacia esa lápida.

–Pero ¿quién? ¿Uno de tus compañeros? Y si es uno de ellos, ¿no sería más fácil decírtelo en persona? Y sobre todo, ¿qué tiene de especial esa lápida?

–Son muchas preguntas. Yo también me las he hecho. ¿Quién ha

Asiático: bebida típica de Cartagena, hecha con café, leche condensada, coñac, piel de limón, canela y un licor dulce llamado Licor 43.

sido? Ninguno de mis compañeros. La primera vez solo estábamos trabajando Juan, Lola y yo, y encontré el mensaje justo después de hablar con ella. La segunda vez, yo estaba en el despacho. Si alguien entró, tuvo que ser demasiado rápido y, sobre todo, silencioso. Imposible.

–Quizá el conserje te está gastando una broma. La recepción está al principio del pasillo que lleva a tu despacho. Y nadie más trabaja en ese pasillo. Sería fácil para él entrar sin que nadie lo viera.

–¿Juan? ¡Claro que no! Además, la segunda vez no habría tenido tiempo de volver a recepción. Recuerda que yo salí corriendo al pasillo cuando vi la sombra. No había nadie.

–Entonces, si no es Juan ni ningún otro compañero y tampoco ha sido un visitante, ¿quién es?

Eva miró a Daniel a los ojos.

–Por favor, no pienses que estoy loca, pero...el frío que sentí las dos veces, la sombra que vi salir, el silencio y la rapidez con que pasó todo... Creo que no es una persona. Creo que es... algo sobrenatural: el espíritu de Faustila. Y quiere darme un mensaje.

5

SOBRE la **cubierta** del barco que los llevaba mar adentro, Daniel y Eva comprobaban que todo su equipo de **buceo** estaba en perfecto estado. Esa mañana iban a hacer una **inmersión** para visitar un pecio. La inmersión era un regalo de Daniel para Eva. Desde la conversación en El Soldadito de Plomo, estaba preocupado por ella: los **sucesos** en el museo le habían afectado mucho. Ahora siempre estaba nerviosa. Su cara mostraba señales de cansancio, pues no dormía bien. Esa misma mañana, Eva le había contado que tenía un extraño sueño una y otra vez: una chica muy joven, delgada, de ojos oscuros y largo cabello castaño la miraba fijamente con expresión triste, tendía sus brazos hacia ella y le decía: "Ayúdame". Eva estaba convencida de que era Faustila, la joven de la lápida. Cada vez que soñaba con ella, despertaba asustada en medio de la noche y ya no podía volver a dormir. Daniel tenía miedo, Eva podía enfermar. Así que había pensado que un día en el mar la animaría y la ayudaría a olvidar espíritus y malos sueños.

A Eva le encantaba bucear. Tenía un diploma avanzado de buceo y había practicado mucho este deporte, sobre todo en Cabo de Palos, un pueblo en la costa, a unos 35 kilómetros de Cartagena. Cabo de Palos era un lugar ideal para hacer inmersiones: tenía un fondo de rocas donde vivían muchas especies de peces y, además, había varios barcos hundidos. Aquella mañana iban a visitar uno de ellos.

Cubierta: la parte superior de un barco.

Buceo: natación debajo del agua.

Inmersión: bajada al fondo del mar.

Sucesos: hechos o acontecimientos que pasan.

El barco **se detuvo** y Julián, el guía del grupo, se puso de pie en cubierta. Era un hombre de unos cincuenta años, de ojos grises y piel tostada por el sol. Habló al grupo con voz firme:

–Como ya sabéis, vamos a bajar al barco Naranjito, aunque ese no es su nombre verdadero. En realidad, se llamaba Isla Gomera. El nombre Naranjito viene de la última carga que transportó. Llevaba naranjas. El 13 de abril de 1943 hubo una tormenta con grandes olas. Las olas agitaron el barco y todas las naranjas se movieron hacia el mismo lado. Por eso el barco se dio la vuelta y se hundió. Por suerte, nadie murió y...

Los siete miembros del grupo escucharon la historia con impaciencia. Ya sabían qué iban a ver, ¡por eso estaban allí! Ahora querían bajar cuanto antes y empezar la aventura. Así que cuando Julián les dijo que ya podían comprobar el equipo, inmediatamente hicieron todas las rutinas de seguridad necesarias antes de una inmersión.

Pronto empezaron **el descenso**. El barco estaba a treinta metros de profundidad y para bajar los buceadores se ayudaban de una **cuerda anclada** al fondo. Mientras bajaban, grupos de sargos, unos peces plateados con rayas oscuras, muy comunes en esa zona, nadaban a su alrededor. Cuando un buceador pasaba cerca de ellos, se separaban y luego se juntaban de nuevo, como en un ballet sin música, porque el mundo submarino es un mundo de silencio. También vieron algún pez luna y entendieron por qué los llamaban así: su cuerpo redondo y blanco se dibujaba sobre el azul del agua como una luna en el cielo de la tarde, una luna con una **aleta** arriba y otra abajo que movían como alas.

Detenerse: pararse.

Descenso: bajada.

Cuerda: pieza larga y muy fina que se usa para atar cosas.

Anclar: fijar al fondo del mar.

Aleta: parte del cuerpo que un pez usa para nadar.

Pronto llegaron al pecio. Estaba completamente cubierto de **algas** marrones que el agua movía con suavidad. El grupo empezó a nadar sobre los restos del barco, disfrutando de aquella imagen única. Eva y Daniel se hacían gestos y se señalaban una **langosta** que paseaba sobre la cubierta o la cabeza de un gran sargo que asomaba por un agujero. Daniel estaba encantado de ver a Eva tan feliz. Durante unos segundos, nadaron cogidos de la mano y luego se separaron.

Daniel exploró todo el lado derecho del barco. Cuando giró para explorar también el otro lado, vio de nuevo a Eva. Estaba nadando hacia atrás de forma extraña. Parecía que quería alejarse del barco. Daniel pensó que quizá se había encontrado con algún animal peligroso. Aunque era poco común en aquellas aguas, alguna vez aparecía un pequeño **tiburón**. Nadó hacia ella rápidamente, pero no vio nada.

Cuando Eva se dio cuenta de que Daniel se acercaba, señaló hacia arriba una y otra vez. Estaba claro que quería subir. Empezó a ascender y él la siguió.

Algas: plantas que viven en el agua.

Langosta: animal parecido a una gamba muy grande, muy apreciado en la cocina.

Tiburón: pez muy grande con dientes afilados.

6

EVA se puso la chaqueta vaquera sobre la camisa de algodón que llevaba. Aunque no hacía frío, en las noches de otoño empezaba a bajar la temperatura y junto al mar casi siempre soplaba una brisa fresca. Ella y Daniel estaban sentados en la terraza de Verano Azul, un **chiringuito** con una vista preciosa del mar y del faro de Cabo de Palos, donde se podían comer deliciosos platos de pescado fresco. El chiringuito estaba construido en madera pintada de azul y blanco y su símbolo era una bicicleta roja: el nombre Verano Azul venía de una vieja serie de televisión, muy popular, sobre las aventuras en la playa de un grupo de niños que iban a todas partes en bicicleta.

Después del incidente en el pecio, Eva había estado muy callada. Cuando volvieron al barco, explicó que de repente sintió un mareo y por eso había querido subir. A todos los miembros del grupo les pareció normal: esas cosas a veces pasaban durante una inmersión. Pero Daniel la conocía bien y sabía que había algo más. Sin embargo, no quiso preguntar. Tomaron unas tapas en una de las terrazas del puerto, pasearon por la playa hablando de mil cosas, jugaron a hacer carreras sobre la arena, se sentaron en la orilla a ver la puesta de sol y después, cuando Eva dijo que quizá era hora de volver a casa, Daniel la invitó a cenar en Verano Azul. Ella lo miró con gesto divertido e hizo una broma sobre su generosidad, pero aceptó ir allí, no sin decirle antes que pagarían la cuenta a medias.

Ahora, ya a los postres, frente a un helado de chocolate, los dos se sentían relajados y felices. La conversación **fluía** ligera y un tema

---

Chiringuito: bar con comida y bebida al aire libre, sobre todo en la playa.

Fluir: moverse fácilmente, especialmente un líquido.

llevaba a otro. Así, de las **anécdotas** sobre sus vacaciones en aquellas costas cuando eran niños pasaron a recuerdos de su época de estudiantes en la universidad; de ahí, a cómo y por qué se habían interesado por la arqueología; y eso les llevó a sus primeras experiencias en el buceo.

Daniel sentía que se acercaba el momento de las **confidencias**, por eso no dijo nada cuando Eva se quedó callada mirando al mar. Estaba muy bonita, con el cabello negro despeinado por la brisa y la luz de la vela encendida sobre la mesa iluminando su cara. Tras unos segundos de silencio, Eva se volvió hacia él:

–Daniel, tú confías en mí, ¿verdad?

–Claro que sí. ¿Por qué dices eso?

–Quiero contarte lo que ha pasado esta mañana en el pecio. Pero me da miedo que pienses que estoy loca.

–Te conozco bien y sé que en el barco no nos has contado la verdad. No tuviste un mareo. Algo te asustó allá abajo. Te asustó tanto que no has querido hablar de ello en todo el día. Pero sea lo que sea, puedes decírmelo y te creeré. Estoy seguro de que no estás loca.

Ella lo miró con un agradecimiento sin fin y empezó a hablar despacio.

–Verás... Cuando nos separamos, estuve explorando el lado izquierdo del barco... Vi un agujero grande en el **casco** y me acerqué. No sé por qué, metí la cabeza en él... Ya, ya lo sé, es peligroso, podría haber sido el **escondite** de una **morena**, pero algo me llevó hacia él...y allí, de repente, la vi... Era la chica de mis sueños, Faustila, vestida con una túnica ligera y blanca, con el mismo cabello castaño largo, que ahora flotaba alrededor de su cabeza... Me sonrió. Abrió la boca, pero de sus labios no salieron burbujas, sino que... habló.

Anécdota: historia personal breve, normalmente divertida.

Confidencias: cosas íntimas y personales que cuentas solo a buenos amigos.

Casco: estructura de un barco.

Escondite: lugar donde esconderse.

Morena: pez parecido a una serpiente, con dientes muy fuertes.

–Habló...–repitió Daniel. Su cabeza le decía que todo esto era imposible, pero en su corazón sabía que algo extraordinario estaba sucediendo y quería llegar hasta el final de la historia ¿Pudiste entenderla?

–Sí. Dijo: "Aún está en el barco. Ayudadme. Yo os guiaré". Me asusté mucho y quise irme de allí. En ese momento apareciste tú.

–¿Y qué puede querer? ¿Qué está aún en el barco? ¿Y qué relación tiene el Naranjito con una joven romana?

–No sé exactamente qué quiere, pero llevo todo el día pensando en sus palabras. Daniel, Faustila habló en plural. Creo que ahora nos necesita a los dos, a ti y a mí. Se me ha aparecido en el Naranjito porque lo que quiere está en un barco hundido, pero no en ese, sino en el romano del puerto. Por eso te necesita también a ti.

DURANTE LA LECTURA

VAMOS A DETENERNOS UN MOMENTO...

1. Ahora que ya has leído hasta el capítulo 6, ¿puedes poner estos hechos en el orden en que aparecen en el relato?

☐ *a)* Eva ve una sombra salir de su despacho.

☐ *b)* Eva ve el fantasma de Faustila.

☐ *c)* Eva encuentra en su ordenador un documento que ella no ha creado.

☐ *d)* Eva cuenta a Daniel por qué se asustó cuando estaba en el barco hundido.

☐ *e)* Eva y Daniel están en el puerto tomando algo y hablando de un barco hundido.

☐ *f)* Eva cuenta a Daniel que en el museo está pasando algo sobrenatural.

☐ *g)* Eva y Daniel hacen una inmersión para ver un barco hundido.

☐ *h)* Eva encuentra en su ordenador la foto de una lápida.

2. En el libro se habla de dos barcos hundidos. Los dos existen en realidad. A continuación, tienes algunas preguntas sobre uno de ellos: el Naranjito. Busca la respuesta adecuada en internet, donde fácilmente encontrarás vídeos sobre este barco haciendo una búsqueda con las palabras: "vídeos pecio Naranjito Cabo de Palos".

1. ¿Cuál era el nombre original del barco?
   a) Isla Gomera. *b)* Naranjito.
2. ¿Cuándo se construyó?
   a) 1918. *b)*1919.
3. Al principio transportaba... desde Inglaterra.
   a) petróleo *b)* material de construcción

4. Cambió de nombre en...
   a) 1926. *b)* 1935.

5. Se hundió una noche de...
   a) marzo. *b)* abril.

6. Cuando se hundió,...
   a) hubo varios muertos. *b)* no hubo muertos.

7. La inmersión para visitarlo se hace a...
   a) 20 metros de profundidad. *b)* más de 30 metros.

3. ¿Cómo crees que va a seguir la historia? ¿Crees que Faustila quiere algo que está en un barco hundido? Si es así, ¿qué puede ser? Coméntalo con tus compañeros y haced una lista de posibles objetos.

4. Al principio del capítulo 5, Eva cuenta un sueño que ha tenido varias veces. ¿Te acuerdas de alguno de tus sueños? ¿Alguna vez has tenido un sueño repetido? Si es así, ¿qué soñaste?

5. En el capítulo 6, después del incidente en el Naranjito, Eva y Daniel pasan todo el día en Cabo de Palos, un pueblo en la costa, y hacen muchas cosas juntos allí. ¿Qué sueles hacer tú cuando vas a la playa o a un pueblo junto al mar?

6. Al principio del capítulo 6, nos dicen que Eva lleva una camisa de algodón y una chaqueta vaquera. ¿Qué ropa llevas tú hoy? ¿Sabes de qué material está hecha?

I

AQUELLA mañana el sol brillaba grande y dorado en el cielo y no se veía ni una sola nube. En el mercado la gente hablaba con amigos y vecinos; hombres y mujeres se paraban en los **puestos** de objetos traídos de tierras lejanas y discutían con los comerciantes para conseguir el mejor precio; los gatos se movían entre los cestos de pescado, esperando poder robar una pieza; las damas ricas pagaban mucho dinero por pequeñas botellas de perfume de Oriente; los puestos de especias estaban llenos de color y olores deliciosos. Los días de mercado en **Malaca** eran una fiesta.

Faustila siempre iba al mercado con su madre y un **esclavo** que las seguía con grandes cestos. Tenía dieciséis años y era la única hija de una familia rica. Su padre, Cayo, había hecho mucho dinero con su fábrica de **salazones**. La había **heredado** del abuelo de Faustila y había trabajado duro en ella desde muy joven. Ahora sus conservas de pescado eran famosas por su gran calidad y vendía miles de ánforas cada año a comerciantes que las transportaban en sus barcos para venderlas en otras ciudades. Así era cómo Faustila había conocido a Marco, el joven capitán de **Carthago Nova** que iba a casarse con ella. En una de sus visitas a Malaca para cargar su barco, el padre de Faustila lo había invitado a comer en casa. Los dos jóvenes se habían enamorado a primera vista y Marco muy pronto dijo a Cayo que quería casarse con su hija. Cayo aceptó encantado.

Puestos: pequeñas tiendas de los mercados.

Malaca: nombre romano de Málaga, ciudad en el sur de España.

Esclavo, a: persona que tenía un dueño y trabajaba para él sin recibir sueldo.

Salazón: alimento conservado en sal.

Heredar: recibir las cosas de alguien cuando muere.

Carthago Nova: nombre romano de Cartagena.

A sus veintiún años, Marco era un joven trabajador y serio, ganaba bastante dinero como capitán y podía ofrecer a Faustila una casa cómoda y bonita y un futuro sin problemas económicos.

Así que Faustila ahora acompañaba siempre a su madre al mercado para aprender a elegir las mejores frutas y verduras y el pescado más fresco, como hacían las buenas amas de casa. Pero aquella mañana era muy especial, Marco iba a llegar al puerto con su barco al día siguiente. En casa habría una cena con muchos platos y la joven recibiría regalos de su **prometido**, según la costumbre. Y solo tres días después se celebraría la boda. Así que, mientras Faustila llenaba los cestos del esclavo con manzanas, uvas y otras frutas, acariciaba una y otra vez el anillo de hierro en su mano. Marco le había regalado este anillo como símbolo de la fuerza de su compromiso, y ella lo llevaba en el cuarto dedo de la mano izquierda, pues la tradición decía que había una **vena**, la *vena amoris*, que unía directamente ese dedo con el corazón. El día de la boda recibiría un anillo de oro. Faustila suspiró. Como cualquier chica enamorada, no paraba de pensar en su amado y en la vida maravillosa que le esperaba junto a él.

Prometido, a: persona que se va a casar.

Vena: conducto por donde circula la sangre en el cuerpo.

7

DANIEL estaba sentado frente al mar en un descanso de su trabajo. Después de la conversación con Eva en Verano Azul, sabía que ya no iba a mirar el pecio de la misma forma que antes. La historia de la aparición de la joven romana en el Naranjito y su mensaje era extraña y difícil de creer, pero estaba seguro de que Eva no mentía. Sin embargo, pensaba que su mente podía estar jugándole una mala pasada a causa del estrés. Aun así, Daniel se había hecho muchas preguntas después de aquella noche y, aunque tenía respuestas para casi todas, le apetecía comentarlo con alguien más experto que él. La persona perfecta para eso era su jefe, Alberto, el arqueólogo encargado de todo el equipo que trabajaba en el barco hundido del puerto. Pero no sabía cómo empezar la conversación.

Justo cuando Daniel estaba perdido en esos pensamientos, Alberto llegó con un par de latas de refresco y le ofreció una. Daniel aceptó y Alberto se sentó a su lado.

–Te veo muy **pensativo**, Daniel. ¿Hay algún problema?

Daniel vio que esa era la ocasión que estaba buscando y decidió hablar del tema con cuidado.

–Nada especial. Solo pensaba en cómo cambian las cosas a lo largo del tiempo. En nuestro equipo de trabajo hay una mujer. No importa el sexo, solo los conocimientos y la capacidad de trabajo...

–Como debe ser –Alberto no lo dejó terminar y lo miró muy serio.

–Por supuesto, no me interpretes mal. Hombres y mujeres debemos tener las mismas oportunidades en el trabajo y cobrar

---

Pensativo, a: persona concentrada en sus pensamientos.

los mismos sueldos. Y, afortunadamente, la igualdad es cada vez mayor, aunque todavía queda mucho camino por andar. Solo pensaba que nuestra compañera trabaja en los restos de un barco que posiblemente jamás transportó a una mujer.

–Cierto. Era un buque de mercancías, un mundo de hombres.

–Y me preguntaba si alguna vez una mujer pudo haber navegado en ese barco.

–Puede ser, pero se me ocurren pocas posibilidades.

–Y a mí. ¿Quizá alguna mujer que tuviese que viajar entre dos puertos que tocaba el barco?

–Bueno, como sabes, un pasajero sin dinero suficiente para poder alquilar un barco entero tenía que esperar la llegada de un **barco mercante** con su destino. Entonces negociaba con el capitán el precio de su viaje, pero en el caso de una mujer sola, como tú dices, era una opción peligrosa.

–Claro. Aunque si estaba bajo la protección directa del capitán…

–Entonces sí. Su hija, su mujer, su hermana, algún familiar suyo.

–Eso creía.

Alberto lo miró divertido.

–¿Acaso has encontrado algo que no me has dicho ahí abajo? ¿Algo claramente femenino?

Daniel contestó muy **ofendido**.

–¡Claro que no! ¡Jamás ocultaría una pieza!

–Tranquilo, solo era una broma. Es que tus preguntas sobre la posible existencia de una pasajera en este barco me han parecido raras.

–Bueno, ya sabes, los arqueólogos somos gente rara.

Los dos se echaron a reír y siguieron hablando de pequeñas cosas sin importancia mientras se terminaban los refrescos. Hasta que sonó el móvil de Daniel, que se extrañó al ver el nombre en la panta-

---

Barco mercante: barco que transporta cosas para vender.

Ofendido, a: molesto por algo que le han dicho.

lla. Era Eva, que nunca lo había llamado antes en horas de trabajo.

Cuando Daniel vio que su amiga lo llamaba, se disculpó con Alberto y contestó al teléfono. Se levantó y se alejó un poco para poder hablar.

–¿Eva? Hola, ¿pasa algo?

La voz de Eva sonaba **entusiasmada**.

–Hola, Daniel, perdóname por llamarte al trabajo. No quiero molestar.

–No molestas, estábamos haciendo un descanso. Dime, ¿estás bien?

–Sí, sí, todo bien. Es solo que estoy en el museo y no podía dejar de pensar en Faustila…

–Qué casualidad –interrumpió Daniel–. Precisamente ahora mismo estaba hablando de ella con Alberto.

–¿Le has contado a Alberto la historia de Faustila? –preguntó Eva **asombrada**.

–Bueno, no exactamente, luego te lo explico. Pero dime, ¿qué querías?

–Pues me he dado cuenta de algo, no entiendo cómo no lo he visto antes. Verás, la lápida de Faustila viene de la necrópolis del museo, y como los dos sabemos, la necrópolis es de finales del siglo IV y principios del V. Y el pecio…

Daniel se entusiasmó tanto que no la dejó terminar:

–¡Es justo de la misma época!

–¡Eso es! Así que he pensado que todo tiene mucho sentido. Si te acuerdas, la aparición me dijo que algo aún estaba en el barco. Y la fecha de la muerte de la chica y la del **naufragio** del barco es más o menos la misma. Quizá Faustila estaba viajando en él cuando se hundió y murió en el naufragio.

Entusiasmado, a: contento y excitado.

Asombrado, a: muy sorprendido.

Naufragio: hundimiento, cuando un barco se va al fondo del mar.

–Puede ser. Justo eso estaba comentando con Alberto cuando has llamado. No te preocupes, no le he contado nada de ti ni de las apariciones. Solo le he preguntado si una mujer podría haber viajado como pasajera en un barco mercante. Los dos creemos que no es probable, aunque sí posible, especialmente si era familia del capitán.

–Podría haber sido su hija, pues era una chica de solo dieciséis años. O **incluso** su mujer, por la lápida sabemos que estaba casada. En fin, si murió en el naufragio está claro que rescataron su cuerpo y lo **enterraron** en la necrópolis, pero quizá algún objeto suyo se hundió con el barco y sigue allí.

–Y sigue allí...–repitió Daniel como un **eco**–. Eva, si alguien pide ayuda dieciséis siglos después de su muerte para encontrar un objeto, ese objeto era muy especial y muy querido. Lo voy a buscar. Será casi imposible porque no sé qué estoy buscando, pero te aseguro que cada vez que baje tendré los ojos muy abiertos. Intentaremos devolver a Faustila lo que es suyo.

–Creo que lo encontrarás. Ella te ayudará.

Los dos se quedaron callados unos segundos, oyendo sus respiraciones al otro lado del teléfono. Todo era tan increíble y al mismo tiempo tan emocionante, que les faltaban las palabras.

Incluso: también, además.

Enterrar: poner bajo tierra, sepultar.

Eco: repetición en el aire de un sonido.

II

EL gran día de la boda por fin había llegado.

Los padres de Faustila habían seguido todas las tradiciones a fin de conseguir un matrimonio favorable para su única hija. Así, el día antes de la celebración, la novia había ofrecido los juguetes de su infancia a los dioses familiares. Y la mañana de la boda, la habían vestido con una bonita **túnica** y el **velo** tradicional color naranja.

Cuando llegaron los invitados, las puertas estaban perfectamente decoradas con flores frescas y ramas llenas de hojas. En el interior de la casa había muchos cojines y ricas telas. Todo estaba preparado para recibir al **cortejo nupcial**, que llegó al lugar de celebración siguiendo un orden: los primeros en entrar fueron los padres de la novia, con la madre vestida de blanco, como decía la tradición; después llegó Marco, también vestido de forma tradicional, con una túnica de color naranja; luego entró Faustila, con los ojos brillantes de felicidad; cerraban el cortejo los augures, muy importantes en la **ceremonia**: sus ritos aseguraban que los dioses iban a ser favorables al nuevo matrimonio.

Túnica: ropa ancha que vestían los romanos.

Velo: tela muy fina para cubrir la cabeza.

Cortejo nupcial: grupo de personas que acompaña a los novios.

Ceremonia: celebración oficial.

La *pronuba* esperaba a los novios. En aquellos tiempos, las *pronubas* eran las madrinas de las novias. Siempre eran amigas de la familia y llevaban muchos años casadas. La *pronuba* de Faustila juntó las manos de los novios y Faustila dijo las palabras: *Ubi tu Gaius, ego Gaia*, la frase que significaba que Marco y ella aceptaban el matrimonio. Después, Marco le entregó un anillo de oro como símbolo de riqueza. Una lágrima cayó por la mejilla de Faustila cuando lo vio. Pero no había tiempo para llorar, ni siquiera de felicidad: los hombres aún debían firmar el **contrato** matrimonial, el padre de la novia iba a entregar a Marco un **cofre** con monedas de oro y plata, la **dote**, y después habría un gran **banquete** de celebración con muchos platos deliciosos. Normalmente, tras el banquete, los novios marchaban a la casa del marido acompañados de familiares y amigos. Pero como Marco no vivía en Malaca, la pareja pasaría su primera noche juntos en el barco y a la mañana siguiente saldrían hacia Carthago Nova, donde les esperaban un nuevo hogar y una nueva vida.

Contrato: documento oficial.

Cofre: caja con llave para guardar cosas.

Dote: cosas de valor y/o dinero que la familia de la novia daba al novio.

Banquete: gran comida para celebrar algo.

8

DANIEL se movía lentamente sobre los restos del barco hundido. Desde la última conversación con Eva, estaba decidido a encontrar lo imposible: un objeto que desconocía y que podía estar en cualquier zona del pecio o sus alrededores. En cada inmersión, además de hacer su trabajo, nadaba alrededor del casco una y otra vez, con los ojos muy abiertos. Confiaba en su experiencia para encontrar un detalle diferente, una pista para descubrir qué había perdido la joven romana dieciséis siglos atrás.

Y esa mañana, en una de sus vueltas, de repente una cosa llamó su atención. Entre dos rocas del fondo sobresalía algo que no había visto antes. Pensó que quizá era esa pista que tanto deseaba encontrar y bajó a investigar.

Daniel examinó el objeto con atención. Estaba **encajado** entre las dos rocas y en parte cubierto de algas, pero parecía un trozo de **vidrio** y en uno de sus lados le pareció ver unas líneas. ¿Lo engañaba su vista o estaban **grabadas**? Si era así, aquello podía ser una gran noticia para el museo. En España habían aparecido pocos objetos de cristal con grabados de la época romana, por muchas razones: el vidrio se rompe fácilmente, los trozos no se conservan bien y los grabados a veces son difíciles de identificar. ¿Quizá algún día aquel **fragmento** fue parte de un vaso, de una botella, de un cuenco? ¿Había otros cerca? De momento, Daniel olvidó a Faustila y se concentró en su pequeño tesoro. Iba a empezar a hacerle fotos para marcar la situación exacta del fragmento cuando, de repente,

---

Encajado, a: metido.
Vidrio: cristal.
Grabados: marcados con algún objeto afilado.
Fragmento: trozo

se dio cuenta de que había varias morenas nadando a su alrededor, abriendo y cerrando las bocas grandes de fuertes dientes. Daniel sabía que no hacían eso por agresividad, sino para respirar. También sabía que, aunque las morenas tienen mala reputación, solo atacan si las molestas. Pero quizá las estaba molestando. Normalmente vivían entre las rocas y era posible que él hubiese entrado en su zona de caza. Recordó algunas historias terribles de la época romana, como la de Polión, que tiraba a los esclavos que **condenaba a muerte** a una piscina llena de morenas hambrientas, y se estremeció. No le gustaban aquellos animales. Decidió alejarse. El fragmento de vidrio llevaba cientos de años encajado entre las rocas: seguiría allí cinco minutos más tarde. Así que fue avanzando junto al lado izquierdo del pecio, ahora muy concentrado en examinar el fondo, intentando encontrar otros fragmentos de cristal.

Hasta que levantó la cabeza y allí estaba ella, a unos cinco metros de él, mirándolo de frente. Era muy joven y bonita. Llevaba una túnica blanca y tenía el pelo castaño y largo, que ahora flotaba alrededor de su cara, como había dicho Eva. Le hizo un gesto con la mano y le sonrió. Daniel tuvo una mezcla de sensaciones: aquello era extraño, sorprendente, irreal, increíble. Pero no sintió ningún miedo. Recordó las palabras que el fantasma había dicho a Eva y su curiosidad de arqueólogo fue más fuerte que todo lo demás. Nadó hacia Faustila y entonces ella se dio la vuelta y avanzó por el agua sin hacer ningún movimiento con brazos y piernas.

Pronto se detuvo y señaló un punto en el fondo. Daniel vio una pequeña zona de arena entre las piedras cubiertas de algas. Bajó hasta ella y empezó a examinar con cuidado cada centímetro. Entonces lo vio.

Condenar a muerte: castigar con la muerte.

III

FAUSTILA, de pie en la cubierta, miraba el mar que la acercaba cada vez más a su nuevo hogar. Aunque Marco le había explicado con detalle cómo era Carthago Nova y le había hablado del teatro, el **anfiteatro** y los otros edificios públicos de la ciudad, ella quería descubrirlos con sus propios ojos, y pasear por sus calles, ir a comprar a su mercado, ver cómo brillaba el sol sobre las cinco colinas que rodeaban la ciudad. También estaba deseando llegar a su nueva casa. Le había hecho mil preguntas a Marco y ya sabía todo de ella: cuántas habitaciones tenía, cómo estaban decoradas, qué plantas había en el jardín... Pero ahora quería vivir allí como la **esposa** del capitán Marco Valerio, conocer a sus amigos, dar cenas con la preciosa vajilla de cristal que él le había regalado... Y faltaba muy poco tiempo para todo eso.

El cielo se había cubierto de nubes negras y había empezado a llover. Faustila se tapó la cabeza y los brazos con su **manto**: solo llevaba una ligera túnica blanca y la temperatura estaba bajando. Sintió unas manos sobre los hombros. Era Marco.

–Amor, se acerca una tormenta y va a ser fuerte. No puedes estar en cubierta.

–¿Una tormenta? –Faustila se asustó. Hasta ahora habían tenido suerte, el tiempo había sido bueno y la navegación muy tranquila. Pero ella nunca había viajado en barco y cuando supo que tendría que ir a Carthago Nova por mar, enseguida pensó en su miedo a las tormentas.

–No te preocupes, ya estamos muy cerca del puerto. Pero pronto toda la cubierta estará mojada y puede ser peligroso. Vamos,

---

Anfiteatro: teatro redondo y abierto.

Esposa: mujer casada.

Manto: pieza grande de tela que se lleva sobre los hombros.

ve abajo. Y tranquila, tu capitán te llevará a casa **sana y salva** –dijo con una gran sonrisa.

Marco no se equivocaba. En unos minutos empezó a soplar un fuerte viento y el mar se puso **bravo**. Se levantaron grandes olas que golpeaban y agitaban el barco con fuerza. El capitán daba órdenes y los marineros corrían por cubierta para cumplirlas. Pronto se pudo escuchar el miedo en sus voces: era una tormenta terrible. El barco subía y bajaba como un juguete en manos de un niño, y los hombres tenían que **agarrarse** a los palos y cuerdas porque ahora las olas saltaban de un lado a otro de la cubierta. Marco mandó a un marinero a revisar la **bodega**, donde estaban todas las ánforas con vino, aceite y conservas de pescado. Cuando el hombre subió, estaba pálido: dijo que había un enorme agujero en la bodega y el agua estaba entrando rápidamente.

El barco se hundía.

Marco corrió a buscar a Faustila. Cuando la encontró, ella ya subía a cubierta muy asustada. Le dijo que la parte baja del barco se estaba llenando de agua muy deprisa.

–No te preocupes, vamos a salir de aquí. Mañana te despertarás en casa y todo esto te parecerá un mal sueño– dijo Marco, y la abrazó.

En ese momento, una ola grande como una montaña golpeó el barco por la derecha, barrió la cubierta y la pareja cayó al mar.

Faustila no sabía nadar. Marco la agarró muy fuerte e intentó nadar por los dos, pero era muy difícil: el agua los cubría, les entraba por la nariz, por la boca, y casi no podían respirar. Marco luchó contra las olas, pero un golpe de mar separó a Faustila de él. Intentó con desesperación agarrar la mano que ella le tendía, pero solo pudo coger uno de sus dedos, que **resbaló**, dejando caer entre las aguas furiosas el anillo de boda y llevándose a Faustila para siempre.

Sana y salva: segura y sin daños.

Bravo, a: agitado, con grandes olas.

Agarrarse: coger con fuerza.

Bodega: parte del barco donde está la carga.

Resbalar: (en este contexto) desprenderse o perder algo que se tenía sujeto.

9

ENCUENTRAN EN EL PUERTO DE CARTAGENA UN BARCO DEL SIGLO IV CON UN IMPORTANTE TESORO ARQUEOLÓGICO

Investigadores del Museo de Arqueología Subacuática de Cartagena (Arqua) encuentran en los fondos de su puerto varios objetos de gran valor junto a un barco romano de finales del siglo IV o principios del V.

Los trabajos de investigación se han hecho durante los últimos cuatro meses en la zona del faro de Navidad. El barco transportaba una carga variada. En él había ánforas con vino, aceite y conservas de pescado; parece ser un barco que traía productos desde un puerto del sur, posiblemente Málaga, hasta Cartagena. La causa del naufragio pudo ser una tormenta, nos dice Alberto Cortázar, coordinador del equipo de arqueólogos.

Pero el descubrimiento principal no han sido las ánforas, objetos bastante comunes en esas aguas, sino un anillo de oro, una pieza que muestra dos manos cogidas con las palabras "Te amo, Faustila" grabadas alrededor. Se han descubierto pocos anillos romanos grabados hasta ahora, por eso este **hallazgo** es tan importante. Pero, además, esta pieza parece tener relación con una lápida del Museo Arqueológico, donde aparece el mismo nombre femenino, no muy común en esa época. La lápida viene de la necrópolis romana, que es de las mismas fechas que el barco. Aunque es imposible estar seguros, quizá Faustila murió en el naufragio y su cuerpo se enterró en la necrópolis. Por la lápida sabemos que era una chica muy joven, dieciséis años, y que estaba casada.

Hallazgo: cosa importante que se encuentra o descubre.

Además del anillo, también han aparecido fragmentos de cristal grabado, quizá partes de piezas de una vajilla. Estos vidrios tienen gran valor arqueológico porque, hasta ahora, en España solo había veinte fragmentos de este tipo. Son los primeros que aparecen en Cartagena y también los primeros que se encuentran bajo el mar.

Finalmente, se han encontrado los restos de un pequeño cofre de metal con un buen número de monedas de oro y plata. En el Museo de Arqueología Subacuática están limpiando estas monedas, que pronto se mostrarán junto a los otros tesoros.

El equipo coordinado por Alberto Cortázar está formado por tres arqueólogos del Arqua: Rafa Heredero, Margarita Sánchez y Daniel Martos, que encontró todos los objetos que aparecen en este artículo en una mañana especialmente **afortunada**. Daniel, con mucho humor, nos dice: "No tuvo **mérito**, Faustila me enseñó el camino". También quiere dar las gracias desde aquí a Eva García, una joven arqueóloga del Museo Arqueológico, que, en palabras de Daniel, "me hizo creer que encontraríamos algo maravilloso en este barco".

Afortunado, a: con buena suerte.

Mérito: valor especial.

10

–Y eso es todo por ahora, aunque creo que ya lo sabías –dijo Eva.

Faustila no se había vuelto a aparecer ni a Eva ni a Daniel después de la mañana de los hallazgos en el barco. Eva creía que la joven romana descansaba tranquila sabiendo que habían encontrado su anillo, pero había querido contarle las últimas noticias en persona: el Arqua había organizado una exposición especial para mostrar los hallazgos del barco, era un gran éxito y cientos de personas la visitaban todos los días, los hallazgos eran un verdadero tesoro para los arqueólogos y los dos museos estaban pensando exponer el anillo junto a la lápida en el futuro. Daniel había querido estar con Eva mientras se lo contaba. Así que habían esperado hasta las ocho, cuando el museo cerraba al público, y allí estaban los dos, hablándole a una lápida que para ellos ya no era una piedra, sino una persona.

Eva miró a Daniel con los ojos brillantes.

–Estoy muy contenta. Todo ha sido tan bonito...

– ¿Todo? ¿También los problemas con el sueño, el estrés, los nervios...?

–Eso ya no importa. Ahora sé que eran necesarios para llegar a este final maravilloso. Faustila tiene su anillo, el museo sus tesoros y... yo tengo un amigo famoso, el gran arqueólogo Daniel Martos.

Daniel la miró con **ternura**.

–Eva...si quieres..., tienes algo más que un amigo.

Se cogieron de las manos y se besaron por primera vez.

Ternura: cariño y dulzura.

–Eh, **tortolitos**, ¡a besarse a la calle! Esto es un museo, aquí la gente viene a ver piedras viejas, no a darse besos.

La voz de Juan, el conserje, los interrumpió con su buen humor de siempre. Eva y Daniel lo miraron con una gran sonrisa de felicidad.

En algún lugar, una joven romana que murió dieciséis siglos antes también sonrió feliz.

FIN

Tortolitos: palabra coloquial para dos personas muy enamoradas.

NOTA DE LA AUTORA

Si el lector de este relato viene a Cartagena, podrá encontrar en la ciudad todos los lugares que aparecen en el texto. Podrá visitar el Museo Arqueológico y el Museo de Arqueología Subacuática (Arqua), donde se exhibe el tesoro de la *Mercedes*. Podrá ver el teatro romano que Marco menciona en el capítulo III. Los arqueólogos trabajan actualmente en la recuperación del anfiteatro que aparece en ese mismo capítulo.

Los visitantes pueden pasear también por los faros de La Curra, Navidad o Cabo de Palos. En El Soldadito de Plomo, muy cerca del puerto, les servirán un asiático, el café típico de la ciudad, y muchas otras cosas. En Verano Azul podrán comer pescado fresco frente al mar. Los aficionados al buceo pueden hacer una inmersión para ver el pecio Naranjito en las costas de Cabo de Palos.

En el Museo Arqueológico hay una lápida dedicada a Faustila. Fue encontrada en la necrópolis del museo. El principio del texto de la lápida está copiado en el capítulo 3, pero en realidad es más largo y menciona a sus padres, Cayo y Nigela. No sabemos de dónde era Faustila ni cómo murió. Pero sí es verdad que un equipo de arqueólogos del Arqua ha estado trabajando en un pecio muy bien conservado cerca del faro de Navidad, con una carga de ánforas de vino, aceite y conservas de pescado. El barco se hundió a finales del siglo IV o principios del siglo V, las mismas fechas en que se construyó la necrópolis.

La información sobre la época romana ha intentado ser lo más exacta posible. Dos amigos arqueólogos, Rafa Heredero y Margarita Sánchez, contestaron a todas mis preguntas y me enviaron enlaces a artículos y vídeos. He incluido sus nombres en el capítulo 9 como miembros del equipo que trabajaba en el pecio. Es una forma muy pequeña de darles las gracias por una ayuda muy grande. Y la protagonista se llama Eva García, como una gran amiga con quien he compartido muchos momentos buenos y malos.

DESPUÉS DE LA LECTURA

PRIMERA PARTE

COMPRENSIÓN LECTORA

1. Revisa con atención cada capítulo y elige la opción correcta para completar la información.

1 Eva había salido de su despacho para...
- ☐ *a)* consultar una duda a su compañera Lola.
- ☐ *b)* ver el código de una lápida.

2 Los faros a la entrada del puerto de Cartagena tienen...
- ☐ *a)* una luz verde y otra roja.
- ☐ *b)* una luz amarilla y otra roja.

3 Eva siente frío porque...
- ☐ *a)* se está poniendo enferma.
- ☐ *b)* de repente hay una ráfaga de aire en su despacho.

4 La sección de epigrafía funeraria del museo tiene...
- ☐ *a)* nueve piezas.
- ☐ *b)* dieciocho piezas.

5 El Naranjito se hundió porque...
- ☐ *a)* la tormenta hizo un gran agujero en la bodega.
- ☐ *b)* toda la carga se movió hacia el mismo lado y el barco se dio la vuelta.

6 Cuando Eva vuelve al barco, después de ver a Faustila, dice a todos que ha subido porque...
- ☐ *a)* le ha atacado una morena.
- ☐ *b)* ha tenido un mareo.

7 Faustila lleva un anillo de hierro como símbolo...
- ☐ *a)* del amor de Marco.
- ☐ *b)* de la fuerza de su compromiso.

7 Según Alberto, cuando un romano rico quería viajar por barco…

☐ *a)* alquilaba uno.
☐ *b)* negociaba viaje con el capitán de un barco mercante.

II La tradición romana decía que, en la boda, debía vestir de blanco…

☐ *a)* la madre de la novia.
☐ *b)* la novia.

8 El fragmento de vidrio aparece…

☐ *a)* en una pequeña zona de arena.
☐ *b)* encajado entre dos rocas.

III Marco le había hablado a Faustila de…

☐ *a)* el teatro, el anfiteatro y otros edificios públicos de Carthago Nova.
☐ *b)* el mercado de Carthago Nova.

9 El hallazgo menos importante en el barco hundido son…

☐ *a)* unas ánforas.
☐ *b)* los restos de un pequeño cofre.

10 Los objetos encontrados en el barco hundido…

☐ *a)* se pueden ver en una exposición especial.
☐ *b)* van a mostrarse al público en el futuro.

GRAMÁTICA Y VOCABULARIO

1. **En español, el pretérito imperfecto se usa para descripciones de personas y cosas y para expresar un pasado habitual. Completa estas frases del relato con el pretérito imperfecto de los verbos entre paréntesis.**

a) El puerto de Cartagena .... **(estar)** precioso aquella mañana de sábado. La temperatura .... **(ser)** cálida y agradable.
b) Grupos de turistas .... **(disfrutar)** del sol, ... **(pasear)** y se .... **(hacer)** fotos frente al mar o bajo las palmeras.
c) Juan, el conserje, ... **(recibir)** a los visitantes y .... **(contestar)** sus preguntas sobre horarios y detalles del museo.
d) Frente a un asiático y una porción de tarta de limón, Eva .... **(contar)** a Daniel lo que había pasado en su despacho.
e) Sobre la cubierta del barco que los .... **(llevar)** mar adentro, Daniel y Eva .... **(comprobar)** que todo su equipo de buceo estaba en perfecto estado.
f) Cada vez que .... **(soñar)** con ella, Eva .... **(despertar)** asustada en medio de la noche.
g) A Eva le .... **(encantar)** bucear.
h) Julián les dijo que ya .... **(poder)** comprobar el equipo.
i) En las noches de otoño .... **(empezar)** a bajar la temperatura.
j) Las damas ricas .... **(pagar)** mucho dinero por pequeñas botellas de perfume de Oriente.
k) Marco muy pronto dijo a Cayo que .... **(querer)** casarse con su hija.

2. **Hay verbos y expresiones que siempre van seguidos de las mismas preposiciones. ¿Recuerdas qué preposición hay que usar en estas? Elige una de las que aparecen en el recuadro.**

por (x2) • para • a(x3) • de(x2) • hacia • en • con

a) Eva, como arqueóloga , estaba encargada .... contactar con otros museos.

b) Era una mañana perfecta .... relajarse al sol.

c) Aún queda mucho trabajo .... hacer.

d) Los dos amigos se echaron .... reír.

e) No habría tenido tiempo .... volver a recepción.

f) Eva miró a Daniel .... los ojos.

g) Estaba preocupado .... ella.

h) Eva se volvió .... él.

i) Llevo todo el día pensando .... sus palabras.

j) Discutían .... los comerciantes para conseguir el mejor precio.

k) Los dos jóvenes se habían enamorado .... primera vista.

3. En el relato encontramos bastantes palabras relacionadas con el mar y los barcos. ¿Recuerdas su significado? Empareja las palabras con las definiciones que hay debajo.

1. crucero	*4.* inmersión	*7.* casco	*9.* naufragio
2. faro	*5.* anclado	*8.* cubierta	*10.* bodega
3. buceo	*6.* subacuático		

☐	*a)* Debajo del agua, submarino.
☐	*b)* Parte del barco donde está la carga.
☐	*c)* Cuando un barco se hunde.
☐	*d)* Estructura de un barco.
☐	*e)* La parte superior de un barco.
☐	*f)* Bajada al fondo del mar.
☐	*g)* Deporte de natación debajo del agua.
☐	*h)* Torre con una luz para guiar a los barcos.
☐	*i)* Barco muy grande para hacer turismo.
☐	*j)* Fijado al fondo del mar.

4. En la historia también aparecen las palabras relativas a la arqueología y al mundo romano que hay en el recuadro, léelas y ponlas luego donde corresponda.

lápida • velo • túnica • arqueólogo • ánfora • anfiteatro
necrópolis • vidrio • manto • brazalete

a) Tres prendas de vestir: ....
....

b) Dos lugares: ....

c) Una persona: ....

d) Un material: ....

e) Tres objetos que puedes ver en un museo arqueológico:
....

5. Las siguientes palabras aparecen en el texto para hablar de seres vivos y elementos relacionados con el mar. Búscalas en la sopa de letras.

gaviota • aleta • sargo • langosta • morena
roca • tiburón • pez luna • algas

U	V	N	A	I	V	V	X	Y	P
T	A	V	L	Z	J	G	U	L	E
I	T	A	E	P	M	J	U	N	Y
U	O	N	T	W	E	B	R	Ñ	A
A	I	U	A	E	S	Y	P	T	I
H	V	L	Z	T	F	A	S	M	Z
D	A	Z	W	E	A	O	R	Y	S
T	G	E	A	U	G	R	Z	G	F
Y	Q	P	H	N	H	P	C	H	O
S	P	P	A	A	E	N	H	X	S
Y	Ñ	L	A	X	L	R	W	G	Ñ
E	Q	C	O	U	Q	G	O	J	G
N	O	R	U	B	I	T	A	M	N
R	L	Z	E	T	H	V	Y	S	X
Z	T	U	U	Z	V	W	Y	M	Z

TERCERA PARTE

EXPRESIÓN ESCRITA

1. En el capítulo 1, Eva está escribiendo correos electrónicos a varios museos para que les presten lápidas para una exposición. Escribe un correo electrónico a un amigo pidiendo que te preste un objeto. Di por qué lo necesitas, por cuánto tiempo, cuándo se lo devolverás y añade cualquier otro detalle que consideres importante. No olvides dar las gracias.

Asunto:

De: Para:

2. En el primer párrafo del capítulo 2, hay una escena en el puerto de Cartagena en una mañana de sábado, en otoño. Elige un lugar de tu ciudad y escribe una breve escena sobre él. Incluye la estación del año, el día de la semana, la hora del día, qué estaba pasando en ese momento y tus impresiones personales, como en el relato.

....

....

....

....

3. En el relato se hacen dos descripciones breves de un bar y un restaurante. ¿Hay algún bar o restaurante en tu ciudad que te guste especialmente? Descríbelo: di dónde está, cómo está decorado, qué se puede comer o beber allí, si vas a menudo y por qué te gusta.

....

....

....

....

....

....

CUARTA PARTE

EXPRESIÓN ORAL

1. Al principio del capítulo 6, Eva y Daniel están en un chiringuito que tomó su nombre de una serie de televisión muy conocida, *Verano Azul*. Aunque es una serie los años ochenta, varias generaciones de españoles la vieron cuando eran niños. Seguro que tú tenías una serie de televisión favorita cuando eras pequeño. Dile a tus compañeros cómo se llamaba y explica los puntos más importantes de la historia.

2. El capítulo I describe el mercado de Malaca. ¿Te gustan los mercados? ¿Cuándo fue la última vez que estuviste en uno? ¿Había mucha gente? ¿Qué se podía comprar en él? ¿Compraste algo? Cuéntaselo a tus compañeros de clase.

3. En el capítulo 9 hay un artículo de periódico sobre la importancia de los hallazgos en el barco hundido. Elige un artículo de periódico sobre algún acontecimiento importante que haya sucedido en tu ciudad y explícalo en español a tus compañeros de clase.

SOLUCIONARIO

ANTES DE LA LECTURA

1. **a.** F; **b.** F; **c.** V; **d.** V; **e.** V.

2. **a.** **Algunos ejemplos:** lápidas; armas (arcos, puntas de flecha, puntas de lanza...); joyas (brazaletes, pendientes, collares...), objetos del hogar (cuencos, platos, jarras...); esculturas; columnas, etc.

b. **Algunos ejemplos:** museo de arte (pintura, escultura...); museo de ciencias naturales; museo de historia; museo de artes decorativas (muebles, objetos de vidrio...); museo científico; museo antropológico (sociedad y cultura), etc.

c. **a.** En 1982; **b.** Sobre una necrópolis; **c.** La de epigrafía funeraria; **d.** El niño con corona; **e.** En 1967.

3. **a.** 4; **b.** 26; **c.** 110; **d.** 900.

4. 1907.

DURANTE DE LA LECTURA

1. **1.** c; **2.** e; **3.** a; **4.** h; **5.** f; **6.** g; **7.** b; **8.** d.

2. **1.** a; **2.** a; **3.** b; **4.** b; **5.** b; **6.** b; **7.** b.

EXPLOTACIÓN DIDÁCTICA
DESPUÉS DE LA LECTURA
Comprensión lectora

Cap.1. a; **Cap.2.** a; **Cap.3.** b; **Cap.4.** b; **Cap.5.** b; **Cap.6.** b; **Cap.I.** b; **Cap.7.** a; **Cap. II.** a; **Cap. 8.** b; **Cap.III.** a; **Cap.9.** a; **Cap.10.** a.

SOLUCIONARIO

Gramática y vocabulario

1. **a.** estaba, era; **b.** disfrutaban, paseaban, hacían; **c.** recibía, contestaba; **d.** contaba; **e.** llevaba, comprobaban; **f.** soñaba, despertaba; **g.** encantaba; **h.** podían; **i.** empezaba; **j.** pagaban; **k.** quería.

2. **a.** de; **b.** para; **c.** por; **d.** a; **e.** de; **f.** a; **g.** por; **h.** hacia; **i.** en; **j.** con; **k.** a.

3. **1.** i; **2.** h; **3.** g; **4.** f; **5.** j; **6.** a; **7.** d; **8.** e; **9.** c; **10.** b.

4. **a.** velo, túnica, manto; **b.** anfiteatro, necrópolis; **c.** arqueólogo; **d.** vidrio; **e.** ánfora, lápida, brazalete.

U	V	N	A	I	V	V	X	Y	P
T	A	V	L	Z	J	G	U	L	E
I	T	A	E	P	M	J	U	N	Y
U	O	N	T	W	E	B	R	Ñ	A
A	I	U	A	E	S	Y	P	T	I
H	V	L	Z	T	F	A	S	M	Z
D	A	Z	W	E	A	O	R	Y	S
T	G	E	A	U	G	R	Z	G	F
Y	Q	P	H	N	H	P	C	H	O
S	P	P	A	A	E	N	H	X	S
Y	Ñ	L	A	X	L	R	W	G	Ñ
E	Q	C	O	U	Q	G	O	J	G
N	O	R	U	B	I	T	A	M	N
R	L	Z	E	T	H	V	Y	S	X
Z	T	U	U	Z	V	W	Y	M	Z

TÍTULOS DE LA COLECCIÓN

Los libros perdidos
Mónica Parra Asensio.
ISBN: 978-84-9848-433-5
ISBN: 978-84-9848-434-2 (con CD)

El monstruo del Lago Ness
Albert V. Torras.
ISBN: 978-84-9848-435-9
ISBN: 978-84-9848-436-6 (con CD)

Gaudí inacabado
Jordi Pijuan Agudo y Paloma Rodríguez León.
ISBN: 978-84-9848-229-4
ISBN: 978-84-9848-230-0 (con CD)

Los fantasmas del palacio de Linares
Manuel Rebollar Barro.
ISBN: 978-84-9848-231-7
ISBN: 978-84-9848-232-4 (con CD)

El secreto de los moáis
Miguel Ángel Rincón Gafo.
ISBN: 978-84-9848-233-1
ISBN: 978-84-9848-234-8 (con CD)

El comienzo del fin del mundo
Sergio Reyes Angona.
ISBN: 978-84-9848-116-7
ISBN: 978-84-9848-117-4 (con CD)

Muérdeme
Miguel Ángel Rincón Gafo.
ISBN: 978-84-9848-374-1
ISBN: 978-84-9848-375-8 (con CD)

Las tinieblas de Salamanca
Raúl Galache García.
ISBN: 978-84-9848-376-5
ISBN: 978-84-9848-377-2 (con CD)

El amor brujo: la perdición de Falla

Alicia González del Campo.

ISBN: 978-84-9848-814-2
ISBN: 978-84-9848-815-9 (con CD)

La mansión de los Cortés. Una experiencia de escape

Miguel Ángel Albujer Lax

ISBN: 978-84-9179-431-8

El misterio del barco hundido.

Ana Fúster Martínez

ISBN: 978-84-9179-429-5